AF369522

Vente du Samedi 29 Février 1868

FAÏENCES

ITALIENNES ET FRANÇAISES

BRONZES ET MEUBLES

OBJETS D'ART, TAPISSERIES

Exposition publique le Vendredi 28 Février 1868

Mᶜ CHARLES PILLET,
COMMISSAIRE-PRISEUR

M. CHARLES MANNHEIM.
EXPERT

1868

CATALOGUE

D'OBJETS D'ART

ET DE CURIOSITÉ

Faïences italiennes et françaises;
Belle Pendule et Chenets Louis XIV; Bronzes d'ameublement;
Lustre flamand; Terres cuites par Clodion;
Meubles Henri II; Meubles Louis XV et Louis XVI;
Fauteuils en tapisserie; Lit Louis XVI;
Belles Tapisseries des Gobelins et autres;
Objets variés.

Provenant de la Collection d'un Amateur

ET DONT LA VENTE AURA LIEU

HOTEL DROUOT, Salle N° 5

Le Samedi 29 Février 1868

A DEUX HEURES.

Par le ministère de Mᵉ **Charles PILLET**, Commissaire-Priseur,
11, rue de Choiseul,

Assisté de **M. Charles MANNHEIM**, Expert, 7, rue Saint-Georges.

Chez lesquels se distribue le Catalogue.

EXPOSITION PUBLIQUE

Le Vendredi 28 *Février* 1868, *de une heure à cinq heures.*

CONDITIONS DE LA VENTE

Elle sera faite au comptant.

Les adjudicataires payeront *cinq pour cent* en sus des enchères.

L'exposition mettant le public à même de se rendre compte de
l'état des objets, il ne sera admis aucune réclamation une fois
l'adjudication prononcée.

—

Nota. — A partir du 15 avril prochain, l'étude de Me Charles
Pillet sera transférée de la rue de Choiseul, 11, à la rue Grange-
Batelière, 10.

113. — Paris Imprimerie de Pillet fils aîné, rue des Grands-Augustins, 5.

DÉSIGNATION DES OBJETS

Faïences italiennes et autres

1 — **Fabrique de Gubbio.** — Petit plat rond décoré en camaïeu bleu, rehaussé de reflets métalliques rouge rubis et bleu nacré très-brillants. Il offre au centre une figure d'Amour debout et au bord des trophées d'armes. On lit sur un listel le nom : *Margarita.*

Diam., 21 cent.

2 — **Fabrique de Faënza.** — Petit plat rond et creux décoré de grotesques en camaïeu sur fond gros bleu. Il représente au centre un écusson armoirié et le pourtour intérieur offre des ornements émaillés blanc sur fond bleu ampois.

Diam., 19 cent.

3 — **Fabrique de Castel Durante.** — Deux très-beaux vases modèle cornet décorés de grotesques et de trophées en grisaille sur fond bleu et de médaillons renfermant des bustes avec encadrements de lauriers.

Haut., 30 cent.

4 — **Faïence italienne.** — Plat rond et creux décoré en camaïeu bleu sur fond blanc au bord et présentant au milieu une figure d'enfant monté sur un cerf en grisaille sur fond bleu.

Diam., 27 cent.

5 — **Faïence de Perse.** — Joli vase, modèle gourde, décoré de palmes et de fleurs en émaux de couleurs variées, très-brillantes.

Haut., 32 cent.

6 — **Buire en faïence italienne.**

7 — **Faïence italienne.** — Deux vases décorés en couleurs.

8 — **Petite cruche en grès de Flandre.**

9 — **Faïence de Castelli.** — Plat rond décoré de figures au centre et bordure d'arabesques.

10 — **Faïence de Castelli.** — Plat analogue à celui qui précède.

Faïences françaises

11 — **Faïence de Rouen.** — Deux assiettes, décor bleu et rouille, à corbeilles de fleurs et ornements.

Diam., 24 cent.

12 — **Faïence de Rouen.** — Autre assiette décorée en camaïeu bleu rehaussé de rouge, à corbeille et festons de fleurs et ornements.

Diam., 23 cent.

13 — **Faïence de Rouen.** — Vase de forme surbaissée garni d'anses double serpent, décoré de festons de fleurs et d'ornements en bleu et rouge.

Haut., 23 cent.

14 — **Faïence de Nevers.** — Beau et grand hanap décoré de fleurs et d'oiseaux en blanc sur fond bleu de Perse. Très-belle qualité.

Haut., 22 cent.

15 — **Même fabrique.** — Gourde en forme d'anneau décoré de paysages en couleurs.

Haut., 22 cent.

16 — **Même fabrique.** — Deux bras appliques, formés de médaillons ovales représentant des personnages en bas-relief, en costumes du XVI° siècle et décorés en couleurs.

Haut., 40 cent.

17 — **Faïence de Rouen.** — Assiette décorée d'une rosace, de fleurs et d'ornements en camaïeu bleu et rouille.

Diam., 24 cent.

18 — **Même fabrique.** — Deux très-jolies petites consoles supports à mascarons et feuillages en relief à décor polychrome.

Haut., 16 cent.

19 — **Même fabrique.** — Deux vases modèle gourde, décorés de festons, de fleurs et d'ornements en camaïeu bleu.

Haut., 34 cent.

20 — Faïence de Rouen. — Sucrier à saupoudrer, décoré de fleurs et d'ornements en bleu et rouille. Belle qualité.

Haut., 23 cent.

21 — Faïence de Rouen. — Sucrier analogue à celui qui précède.

Haut., 23 cent.

22 — Faïence de Rouen. — Deux petites jardinières de forme cintrée, décorées en bleu et rouille.

23 — Faïence de Rouen. — Cruche décorée de festons de fleurs, en bleu sur fond blanc.

24 — Faïence de Rouen. — Deux petits vases forme gourde décor polychrome à ornements.

Bronzes d'ameublement

25 — Très-grande pendule du temps de Louis XIV, en marqueterie d'écaille et cuivre richement garnie de bronzes, sur socle à consoles découpées à jour. Elle est surmontée de la figure du Temps et sa face présente le char du Soleil en bronze.

Haut., 1 m. 50 cent.

26 — Deux très-jolis chenets en bronze, du temps de Louis XIV, composés de figurines d'enfants, sur socles riches à consoles.

Haut., 40 cent.

27 Deux bras appliques de style Louis XIV, à fond de glace, avec encadrements et branches en bronze.

Haut., 60 cent.

28 — Grand marteau de porte en bronze, modèle rocaille, enrichi d'un mascaron, tête de femme et d'un dragon. Il est accompagné d'une poignée de même style et appliqué sur un panneau en bois de chêne.

29 — Deux chenets composés de figures costumées à la Watteau reposant sur des socles modèle rocaille. Époque Louis XV.

30 — Lustre flamand à six lumières en cuivre poli, à rinceaux découpés à jour.

31 — Deux petits bras appliques du temps de Louis XIV, en bronze, à mascarons et festons de fleurs, et à une lumière à rinceau.

32 — Six poignées et trois entrées de serrures en bronze, modèle rocaille portant le poinçon de Caffieri.

33 — Deux flambeaux en bronze, formés de figurines ailées debout sur socle octogone reposant sur des sphinx couchés. Époque Louis XIII.

Haut., 30 cent.

34 — Deux autres flambeaux de style Louis XV, en bronze ciselé à feuilles et ornements.

Haut., 25 cent.

35 — Beau lustre flamand, à vingt-quatre lumières, en cui

vre. Les bobèches sont formées de coquilles et il est surmonté d'un écusson portant un château fort soutenu par deux lions héraldiques.

36 — Deux chenets Louis XIII, en cuivre gravé.

Meubles

37 — Joli petit meuble à deux corps du XVI° siècle, en bois de noyer, à portes et tiroirs ornés de figures et d'ornements sculptés en relief et enrichi d'incrustations de marbre.

Haut., 1 m. 75 cent., Larg., 1 m. 10 cent.

38 — Six fauteuils en bois sculpté et peint en blanc, garnis de belles tapisseries à médaillons, sujets champêtres et ornements.

39 — Deux encoignures du temps de Louis XVI, en bois de rose, à médaillons de fleurs, en marqueterie et garnies de bronzes dorés. Dessus en marbre blanc.

Haut., 90 cent.

40 — Grand régulateur dans sa caisse en bois de placage, très-richement garni de bronzes dorés à ornements rocaille. Cadran à cartouches portant le nom de JEAN B. VAROQUIER à Paris. Époque Louis XV.

Haut., 2 m. 30 cent.

41 — Autre régulateur analogue à celui qui précède, moins
riche.

Haut., 2 m. 12 cent.

42 — Bureau à dos d'âne en bois de placage, garni de bronzes
dorés. Époque Louis XV.

43 — Grand et beau cadre ovale du temps de Louis XIV, en
bois sculpté et doré. Le haut est orné d'une fleur de
lis.

Haut. à l'intérieur, 92 cent., larg., 74 cent.

44 — Cadre ovale du temps de Louis XVI, en bois sculpté et
doré, surmonté d'un ruban et de festons de lauriers.

Dimensions intérieures, haut., 61 cent., larg., 55 cent.

45 — Guéridon rond sur pied à trois consoles, en bois
sculpté.

46 — Deux torchères en bois sculpté et doré, formées de figurines debout supportant des corbeilles de fleurs. Travail
italien.

Haut., 1 m. 30 cent.

47 — Grande cheminée en marbre rougeâtre du Languedoc,
sculptée à moulures et ornements rocaille. Époque
Louis XV.

Larg., 1 m. 68 cent.

48 — Très-joli lit du temps de Louis XVI, en bois de noyer
sculpté à trophées, festons de fleurs, rinceaux et cornes
d'abondance.

Larg., 1 m. 16 cent.; long., 1 m. 90 cent.

49 — Grande glace avec cadre en bois sculpté et doré, sur fond peint en blanc, orné de festons de fleurs, enroulements, mascaron, etc. Époque Louis XV.

Haut., 1 m. 85 cent.; larg. 1 m.

50 — Deux jolies encoignures du temps de Louis XV en bois de placage, garnies de bronzes finement ciselés. Dessus en marbre rouge de Flandres.

Haut., 83 cent.

51 — Deux escabeaux en bois sculpté, à dossiers composés de cariatides, figurines et médaillons. L'un d'eux date de la fin du xvi° siècle.

52 — Très-petite console en bois finement sculpté et doré du temps de Louis XV. Dessus de marbre rouge de Flandres.

Larg., 40 cent.; haut. 84 cent.

53 — Grand cadre ovale en bois sculpté et doré. Époque Louis XIV.

54 — Autre cadre analogue au précédent.

Objets variés

55 — Beau médaillon ovale en terre cuite attribué à *Clodion*, représentant en bas-relief une femme satyre assise et un enfant. Cadre en bois sculpté et doré.

Haut., 52 cent.; larg., 41 cent.

56 — Beau bas-relief de forme carrée, en terre cuite, signé Clodion, 1774. — Il représente deux figures de bacchantes et des enfants.

Haut., 34 cent.; larg., 38 cent.

57 — Figure en bronze. — Mercure d'après Jean de Bologne. Italie. XVIᵉ siècle.

Haut., 66 cent.

58 — Deux figures de nègres en marbre sculpté; les chairs sont en marbre noir et les vêtements en marbre blanc.

Haut., 68 cent.

59 — Jolie petite pendule allemande de forme carrée, modèle dit à clochetons, en cuivre gravé et doré, à fleurs et ornements, et cadrans émaillés sur argent. XVIᵉ siècle.

Haut., 42 cent.

60 — Petit vase de forme ovoïde en porcelaine blanche, garni d'une monture en bronze doré du temps de Louis XVI.

Haut., 26 cent.

61 — Joli fusil de chasse garni d'argent finement ciselé et portant le blason de France surmonté de la couronne royale. Ce fusil qui date du temps de Louis XV a dû appartenir au roi.

62 — Figure de femme couchée, en marbre blanc.

Larg., 47 cent.

63 — Bassin rond en cuivre jaune repoussé à figures et por-

tant les armes de Saxe. Le bord plat est enrichi d'appliques en cuivre repercé à jour. XVIIe siècle.

Diam., 50 cent.

64 — Saint-Esprit en or découpé à jour et cailloux du Rhin. Travail normand.

65 — Oliphant en corne de cerf sculptée à figures, mascarons, animaux et arbustes.

66 — Très-jolie peinture sur cuivre du temps de Louis XIV. Portrait d'homme. Cadre en bois sculpté et doré.

67 — Deux seaux à anses en cuivre rouge repoussé à godrons.

68 — Plat en cuivre jaune repoussé à ornements et inscriptions.

69 — Plat analogue à celui qui précède.

70 — Six panneaux à sujets mythologiques peints sur fond d'or et entourés de bordures en bois sculpté. Époque Louis XV.

71 — Figure d'enfant nu couché, en marbre blanc. Sur socle en bois doré.

72 — Brûle-parfums en cuivre rouge à ornements repoussés.

Tapisseries, Tapis et Étoffes

73 — Belle et grande tapisserie de Flandres du xvie siècle, représentant des sujets de chasse et autres dans un riche paysage. La bordure est ornée de figures allégoriques et de groupe de fruits.

Larg., 4 m. 60 cent., haut., 2 m. 80 cent.

74 — Grande et belle tapisserie, portant la date de 1659 et une marque de fabrique fleurdelisée. Elle représente saint Louis partant pour la Palestine. Riche bordure ornée de figures de Génies, de candélabres, de festons de fruits, de rinceaux et portant les armes de Bourbon Penthièvre.

Haut., 3 m. 25 cent., larg., 4 m. 85 cent.

75 — Deux panneaux en tapisserie du temps de Louis XVI, décorés d'oiseaux et de trophées, avec encadrements formés de colonnes entourées de festons de fleurs.

Haut., 2 m. 35 cent., larg.. 1 m. 55 cent.

76 — Lambrequin en tapisserie des Gobelins du temps de Louis XIV, décoré de figure, de festons de fleurs et d'oiseaux sur fond quadrillé.

Larg., 2 m., haut., 40 cent.

77 — Autre beau lambrequin en tapisserie des Gobelins, dé-

coré de rinceaux, de festons et corbeilles de fleurs et de
fruits, carquois et ornements.

Larg., 2 m. 20 cent., haut., 45 cent.

78 — Grande tapisserie représentant un sujet de chasse au
sanglier; bordure à fleurs, fruits et attributs variés.

Haut., 3 m. 25 cent., larg., 4 m. 85 cent.

79 — Feuille d'écran en tapisserie à médaillon, sujet cham-
pêtre.

80 — Tapis de Smyrne à dessins de couleurs sur fond
rouge.

Larg., 2 m. 15 cent., long., 2 m. 70 cent.

81 — Deux coussins en velours rouge, brodés en fin. Travail
oriental.

82 — Couvre-pied en toile de Jouy, décoré de médaillons
champêtres et de rinceaux. Époque Louis XVI.

83 — Couvre-pied en satin broché à dessins verts, bleus et
blancs sur fond rouge. Époque Louis XV.

84 — On vendra sous ce numéro les objets omis.